Karl Robel: Rupertiwinkler Weihnachtsgschicht

Karl Robel

Rupertiwinkler Weihnachtsgschicht

mit Zeichnungen und Aquarellen
von Georg Huber

Liliom Verlag

Karl Robel:
Rupertiwinkler Weihnachtsgschicht
Alle Rechte vorbehalten

© LILIOM Verlag 2003

ISBN 3-934785-17-4

Inhalt

Rupertiwinkler Weihnachtsgschicht	7
Vorred	7
Des Schreibn vo da Obrigkeit	8
Da weite Weg nach Bethlehem	10
D' Herbergssuche	16
Zwischnbemerkung	22
An Stadl werdn ma findn	24
De Heilige Nacht und de Geburt vo unsern Herrn	28
Zwischnbemerkung	32
De Verkündigung an d'Hirtn	34
Anbetung durch d'Hirtn	40
Am End no was zon Nachdenka	42
Variante der Herbergssuche zur szenischen Darstellung	44
Lied: Da Himme übern Wald is rot	54
Kleine Hirtenszene zur szenischen Darstellung	56
Worterklärungen	60
Der Zeichner, Maler und Lehrer Georg Huber	62

Rupertiwinkler Weihnachtsgschicht

Vorred

Es war vor guat zwoatausnd Jahr
in Nazareth a heiligs Paar.
Da hat da römisch' Kaiser wolln,
daß d'Leut sich alle meldn solln,
a jeder beim Gemeindeamt
in dera Stadt, woher er stammt.
I brauch euch net lang vorbereitn,
es wißts ja alle Einzlheitn.
Bei enk dahoam in enkan Stübe
hat doch a jeder gwiß a Bibe.
Da werd bei Lukas zwoa bericht',
Vers oans bis zwanzge: D'Weihnachtsgschicht.
Man hat den Text scho so oft ghört,
weil er all Jahr verlesn werd.
A jeder woaß aa, wann des war,
wia gsagt, vor guat zwoatausnd Jahr.
De Gschicht werd allwei no verzählt,
sie gilt ja für de ganze Welt,
und überall is s'gegnwärtig,
wer drüber nachdenkt, werd net fertig.

I moan iatz, wenn des heilig Paar
im Baiernland dahoam gwen waar,
i moan bei uns da umanand
und net da drunt im Heilign Land,
dann wurd' uns halt de Weihnachtsgschicht
vialleicht auf so a Art bericht':

Des Schreibn vo da Obrigkeit

Des Heilig Paar warn kloane Leut
und net so anspruchsvoll wia heut.
Sie habn si net vui leistn könna,
a Goaß habns ghabt und a paar Henna.
D'Frau hat kocht und putzt und büglt,
im Gartl Gmüas und Kräutl züglt,
was halt so san de Hausfraunpflichtn
wia Obst ei'kocha, Holz aufrichtn,
fürn Sonntag Äpfeküachen bacha
und alle Tag de Bettn macha.
Da Josef hat als Zimmermo
recht brav und guat sei' Arbat to,
hat Haustürn gmacht und Fensterstöck'
und Tisch' und Stuih' und Radlböck'.
Zamtdem hat er diam laare Händ
und vui Verdruß mit Außnständ'.

Da habns amal zur Winterszeit
a Post austragn für alle Leut:
„Jedermann hat mit den Seinen
unverzüglich zu erscheinen,
und zwar auf dem Gemeindeamt
jener Stadt, aus der er stammt.
Nichterscheinen wird bestraft
mit Bußgeld oder auch mit Haft!"
Datum, Stempe, Unterschrift,
(recht protzig mit an dickn Stift.)

Da Josef zoagt da Frau des Schreibn:
„Es werd uns scho nix überbleibn,
da müaß ma hi, i moan allwei,
am gscheidern is's, mir gehngan glei.
Richt a weng a Brotzeit zamm,
daß ma unterwegs was habn,
dann gehng ma morgn scho ausn Haus,
hoffentlich halt's Weda aus."

Da weite Weg nach Bethlehem

Am andern Tag in aller Fruah
sperrt da Josef d'Haustür zua
und hat, grad wia da Gockerl kraht,
an Schlüssl zwoamal ummedraht.
Ganz staad war's in da Nachbarschaft,
weil um de Zeit no alles schlaft.
Da Josef hat an Rucksack tragn:
„Dann brauchst di du net so vui plagn",
so hat er gsagt, der guate Mo,
dann gehngans alle zwoa davo.

Im Tal is no da Nebe glegn,
sunst war no nirgends was zon sehgn.
Erst spaater dann, bein Mösl vorn
da is's dann draufo liachter wordn.
Glei obern Buachwald, auf da Höh
am Wegrand steht a Rudl Reh',
es steht und schaugt, ganz ohne Scheu
und laßt des Heilig Paar vorbei.
Des war a weiter Weg daselm
vo Nazareth nach Bethlehem,
fast hundertfuchzig Kilometer
und des bei kaltn Winterweda.
Des waar, als wia wennst in oan Stuck
auf Eding gangst und wieder zruck!

In oan Tag habns es gar net gschafft,
des hätt ja aa koa Mensch derkraft'.
Da Josef hat si Sorgn gmacht,
wenn er d'Maria so betracht';
es war doch eigntlich Unvernunft,
so kurz vor ihrer Niederkunft.

Sie hätt gar nimmer mitgeh solln,
doch d'Obrigkeit hats halt so wolln.
De zwoa habn nach an etla Stundn
a ruahigs, sonnigs Platzl gfundn.
Bein Holz hiebei a Prüglganter
und a Brünndl mit an Granter.

Weils grad vo weit her zwölfe läut',
sagt er: „Iatz mach ma Mittagzeit.
Geh her, Maria, sitz di nieder,
nachn Essn gehn ma wieder."
Da sitzn de zwoa ganz alloa
auf ara Meterscheiterzoa'
bei truckern Brot, a weng an Kas;
sie so schmächtig und so blaß.
Sie warn a oafachs Essn gwöhnt,
weil Wohlstand, so was habns net kennt.

Zerscht wars ganz staad und auf amal
huschts und raschlts überall
und de kloana Waldbewohner
kemman vo de Staudn dona,
als hä(tt)ns de Viecherl alle gspannt,
des Heilig Paar geht übers Land.
D'Moaserl wischpern voller Freud:
„Was san denn des für brave Leut?!"

's Rotkröpferl knixt und singt a Standerl,
d'Waldmaus hupft und macht a Manderl
und konn si einfach net gnua schaugn
mit seine großn, schwarzn Augn.
Da müaßns lacha, de zwoa Leutl
und schaugn de Viecherl zua a Zeitl.

So sans a halbe Stund dort gsessn,
habn eahner karge Brotzeit g'essn.
Und nach an kurzn Dankgebet,
da sagt da Josef: „Schau, i hätt
di iatz net plagn wolln, aber leider,
es helft uns nix, mir müaßn weiter."

Den Tag habns d'Hälfte Weg no gmacht,
dann bei an Basei übernacht'.

Des war a weiter Weg daselm
vo Nazareth nach Bethlehem.
Berg und Tal und grouße Wälder,
Möser, Wiesn, Ötzn, Felder,
gache Leitn, tiafe Grabn,
wias halt mia aa überall habn.

Scha(tt)nseitig warn de Weg vereist,
da hat da Josef d'Frau dann gweist,
na wars für sie net gar so gfährlich
und net so müahsam und beschwerlich.
So ungefähr um d'Mittagszeit
sagt er: "Iatz habn ma nimmer weit,
iatz werdn ma bald in Bethlehem sei
und dann, Maria, kehrn ma ei'
bei oan vo dera Wirtezunft
und schaugn uns um a Unterkunft.
Dann kaff ma uns was Warms zon Essn,
und glei is Müah und Plag vergessn."

D' Herbergssuche

Um halbe zwoa warns dann so weit,
ganz Bethlehem war voller Leut,
doch da Josef unverzagt
geht glei zon Brucknwirt und fragt:
„Mir müaßn morgn da auf de Gmoa,
hätts es a Zimmer für uns zwoa?"
Da Wirt nimmt d'Zigarrn ausm Mäu
und sagt: "Des werd net möglich sei',
i wüßt net, wo ich euch hi'toa soll,
bei mir is's ganze Haus scho voll.
Entschuldigts, aber i hab z'toa",
er geht und laßt de zwoa alloa.
De denkan si no gar nix Bsonders,

da Josef sagt: "Mir fragn woanders"
und hat d'Frau übern Stadtplatz gführt
„da drent" sagt er „is no a Wirt".
Der aber macht glei an Spektakl,
er war a gscherter, grober Lackl;

hat eahner gar an Weg versperrt
und fluacht und schimpft und schreit und plärrt:
(D'Maria schaugt glei ganz verschreckt)
„Des ganze Haus is scho belegt,
und außerdem, i hätt koa Freud
mit enk, es seids ja Bettlleut.
Gehts nur zua, es bleibt dabei,
mir habn koa oanzigs Bett mehr frei."
Er draht si um und geht davo

und fangt im Haus drin wieder o,
schreit in da Stubn drin no recht gschert,
so daß ma's glei heraußt no hört.
Da hat da Josef grad no gsagt:
„Hä(tt)n mir den Menschn bloß net gfragt,
wer hätt den denkt, daß der so bruit ?(brüllt)
Da drent is aa a Wirtshausschuid,

a Stückl in dem Gassl hintn;
da werdn ma hoffentlich was findn!"
Da Eingang is glei nebern Gartn,
da hoaßts, sie solln im Hausgang wartn.
Sie stehngan da mit gmischtn Gfuih,
drin hört ma Gschroa und Kartnspui.
Es riacht nach Bier- und Kuchldunst,

de Kellnerin schreit zon Wirt: „Du kunntst
net gschwind a wengl außa kemma?
Da möcht no wer a Zimmer nehma."
Da Wirt war so a dicker, graaber,
mit greaner Leibe, weißn Schaaber.
Da Josef hat sei' Bitt vorbracht:
„Kunnts es uns ghaltn für heut nacht?
D'Frau is so matt, man kennts ihr o
und dann der Zuastand, wißns scho."
„In mein' Haus möchts es Quartier?
Warum kemmts da akrat zo mir?

Dei' Frau kaam z'letzt bei uns no nieder,
de Schererei, de waar ma zwider.
I hoff, daß mi es zwoa verstehts,
am bestn is's, wenn's wieder gehts.
Mir san im Haus doch net alloa,
de Gäste wolln koa Kindergschroa!
Gehts weiter iatz, laßts uns in Ruah",
so sagt er und macht d'Haustür zua.

Scho stehngans wieder auf da Straß
da Frau werdn d'Augn a wengl naß,
so z'kalt is's ihra und sie zittert.
Da Josef is a weng verbittert,
er laßt si's aber doch net nehma:
„Mir werdn doch irgndwo unterkemma,
oder san denn alle Leut
so voller Mitleidlosigkeit?
Mir zwoa, mir habn doch nix verbrocha..."
D'Frau hat eahm wieder Muat zuagsprocha:
„Schaug Josef, laß di's net verdriaßn,
vialleicht hats a so kemma müaßn?
Da Herrgott woaß des ganz alloa,
er werd scho 's Rechte für uns toa."

Da Josef hat si recht bemüaht
und da und dort no 's Fragn probiert,
doch überall de gleichn Phrasn:
„Mir kinnan neamd mehr einalassn",

„mir habn scho voll", „es tuat uns load"
und da Letzte gar, der moant:
„Gehts doch ins Moos, is eh net weit,
da war no Platz für kloane Leut."
Dann hat er no recht spöttisch glacht,
hats außegschobn und d'Tür zuagmacht.

Da stehngans wieder ganz alloa,
wohi mit uns? Was solln ma toa?
Da Josef seufzt und sagt: „O mei',
schaug auffe, iatz gehts scho auf drei,
was tean ma, wenns uns finster werd?
So hungrig san ma und dafrert.
Mir gehngan auße vo da Stadt,
weil's Fragn ja doch koan Sinn mehr hat."
Hint umme übern Postwirtsanger
sans glei auf d'Landstraß doneganga.

Zwischnbemerkung

Herrgott, was is des für a Zeit
und was san denn des für Leut?
Mit dera Menschheit is's a Gfrett,
du moanst as guat, sie wolln di net.
Voll Liab möchtst du zu eahna kemma,
doch es wui di koaner nehma.
Sie sehgn bloß eahna kloane Welt
und gspannerns net, was eahna fehlt.
Trotz Wohlstand und Bequemlichkeit
habns doch koa wirklich echte Freud.
Trotzdem de Menschn heut alls habn,
bringans doch koan Friedn zamm.
Sie sagn zwar, sie hä(tt)n alls im Griff
und wissn raffinierte Kniff',
doch des oane wissns net,
daß ohne Di glei gar nix geht!

D'Leut möchtn ohne Herrgott lebn
und drum geht heut so vui danebn.
Taatns'n in d'Mittn einanehma,
dann kunnt alls ganz anders kemma.

An Stadl werdn ma findn

Schweigsam wanderns mitanand
ganz alloa am Straßnrand.
Koa Mensch is eahner mehr begegnt,
dämmrig werds, de Zeit de drängt.

Vo weit her hörns an Glocknschlag:
Halbe viere nachmittag.
De zwoa san vo da Straß abbogn
und habn an kloana Weg ei'gschlagn,
bein Irlanschaubn übern Bach
und dann allwei dem Wegl nach
a vier- fünfhundert Meter bloß,
dann warns scho mittn drin im Moos.

Da sagt da Josef: „Iatz is's gnua,
mir brauchan alle zwoa a Ruah.

Der weite Weg war dir vui z'letz,
schaug, da drent in dera Ötz,
der Stadl mit da offan Tür,
des waar vialleicht a Nachtquartier."

"Ja Mo", sagt sie, "mir waars scho recht,
der weite Weg hat mi so gschwächt,
i bin ganz firtig und bin froh,
wann i endlich rastn ko'."
Grad um de Zeit, wia d'Nacht ei'bricht,
hat dann da Josef 's Lager gricht',

im Stadl auf an Schaubn Heu,
wo's windstaad is, bein Eck hiebei.
Hängt an an Rafa sei' Latern,
da konn dann gwiß nix brennert werdn.
D'Frau is ganz matt im Heu drin glegn,
er sagt: „Iatz werst was essn mögn.
An halbn Brotloab habn ma no,
a weng a Speck is aa no da,
a Minzntee, a halbe Flaschn
waar in da Rucksackaußntaschn."

Doch d'Frau hat nix mehr essn mögn,
sie stöhnt und sagt: „Werst as scho sehgn,

bei mir is's iatza an der Zeit,
in dera Nacht kimmts no so weit."

De Heilige Nacht
und de Geburt vo unsern Herrn

Des Weda draußn war so rar,
so mild wia wann scho Fruahjahr waar.
Zwoa Oachan stehngan bei da Hüttn,
a groußer Weißdorn in da Mittn
und der steht plötzlich gegn auf d'Nacht
in seiner volln Blüatnpracht.
Und ganz in da Näh vom Stadl
spitzn frische, greana Blattl
und Schlüsslbleamerl ausn Gras.
Da Fuaßweg is vom Schnee no naß,
da siehgst, wo grad a Stund zuvor
no ganga is des Heilig Paar,
im woachn Bodn no ganz genau
de Schuahabdrück vo Mo und Frau,
vo dene heilign Personen.
Genau da blüahn iatz Anemonen
und grad an etla Meter weiter,
da kemman kloane Knabnkräuter.

Und übern Wald vom Kohlstattbichl
da steht da Mond als schmale Sichl
und in da Näh a heller Stern.
Es konn net richtig finster werdn.

Dann kimmt a paar Minutn lang
vom Bachgrund her a Voglgsang.
Im Wasser auf an groußn Stoa
da knixt und singt er, ganz alloa,
grad zittern tuat dabei sei' Kröpfe.
Es is, als taa(t)n si de Geschöpfe
vialleicht sogar durch höheres Waltn
heut bsonders ehrfurchtsvoll verhaltn.
Natürlich jeds in seiner Art,
grad so, als hättns auf was g'wart'.

Es herrscht a eignartige Ruah,
man moant, de ganze Kreatur
is wach und stumm und voller Spannung,
wia in geheimnisvoller Ahnung,
so daß ma si kaam schnaufa traut.
Man gspürt koa Lüfterl, hört koan Laut.
Da Sternenhimme voller Pracht
der zoagt scho draufo Mitternacht,
da schickt uns Gott, vom höchstn Thron
als Kind sein' eingebornen Sohn.
Des Neue Testament gibt Zeugnis
vo dem geschichtlichn Ereignis,
wia ganz a neue Zeit o'bricht
und d'Menschheit kriagt a anders Gsicht.

Seitdem werdn auf da ganzn Welt
de Jahr nach dem Ereignis zählt
und alles durch a winzigs Kind
im Stadl drin, an Mösl hint.
Ganz oafach, schlicht und unscheinbar
und doch so groß und wunderbar,
daß sich sogar da Teifi fürcht'.

Da Stadl is iatz voller Liacht,
es strahlt und dringt aus alle Ritzn.
Drin siehgt ma d'Muattergottes sitzn
im Eckerl hint auf Heu und Stroh.

Sie schaugt so freundlich, liab und froh;
sie halt' im Arm des kloane Kindl
schö warm in an flanellern Windl.
Glei neba ihra, rechter Hand,
is an da hintern Stadlwand,
schö windstaad und bein Eck hiebei
a Krippn mit a weng an Heu,
an überbliebna Kalmafuada.
Da eine legt de heilig Muatta
des kloane, dick ei'gfatschte Bündl
mit dem hochheilign Jesuskindl.

Da gehts de zwoa ganz seltsam zua:
De heilig - feierliche Ruah,
de Gnadnstund, sie habns im Gspür.
Sie falln auf oamal in de Knia,
sie habn a Gfuih, ganz übermächtig
und betn alle zwoa andächtig
des kloane Kind o, allwei wieder
und beugn si ganz ergriffn nieder.

Da hebt des Kindl d'Hand und segnt
und auf amal is alls verdrängt:
de Traurigkeit vom letztn Tag,
Verdruß und Angst und Müah und Plag,
de Tränen und da ganze Kummer
is iatza alls vo eahna gnumma.

Zwischnbemerkung

In Bethlehem war um de Zeit
no jede Wirtsstubn voller Leut.
De habn Kartn gspuit und gsunga,
oa Halbe nach da andern trunka.
Manche habn um Mitternacht
no'mal richtig Brotzeit gmacht.
Da oa dischkriert, da ander ißt,
a jeder hat was bsonders gwißt.
Sie schmatzn von ara Erstbegehung,
vo Sport und Spui und Lohnerhöhung;
wer dagegn und wer dafür is
und was für oans des besser' Bier is.
Und so verplemperns eahner Zeit
mit Sempern über Nichtigkeit.
Sie san vo Geld und Wohlstand blendt
und deswegn hats aa koaner kennt
und koaner gspannt, was heut nacht gschehgn is,
weil eahner aa gar nix dro glegn is.

De Verkündigung an d'Hirtn

In da Schrift werd no verzählt,
daselm warn Hirtn aufn Feld.
Des war de Gegnd drentern Tal
bei dem altn Schaafestall.
Seitwärts hinter Bethlehem
da hats so sperre Wiesn gebn.
De warn so bucklat und so leitig,
mit wenig Sunn und schattnseitig,
wo koa guats Gras wachst und koa Troad,
grad guat gnua für a Schaafewoad.

Da drent habn d'Hirtn bei da Nacht
hintern Stall a Feuerl gmacht,

und da huckans alle ummer.
Da Flori hat an Schmalzler gnumma,
da Max ziahgt ausn Joppnsack
sei' Reahrlpfeif und an Rauchtabak,
und alle habns vom Weda gschmatzt.
Da Hans hat si am Schädl kratzt
und sinniert und schaugt ins Feuer:
„. . . des woaß i do no nia wia heuer,
a so a bsundane rare Nacht
da wo koa Mensch a Aug zuamacht,
weil halt neamad schlafa ko.
Iatz bin i scho a alter Mo,
doch so was woaß i deant no nia,
um so a Zeit a Bleameblüah
und bei da Nacht a so a Liacht,
so daß ma glei jeds Schaafe siacht
und drunt am Weg an Kranawett."
Und wia da Hans no a so redt,
sans alle fürchterlich daschrocka:
Am Roa drent übern Staudnschocka
is so was wia a Kuglblitz!
Da reißts es alle drei vom Sitz,
aus dera Kugl schwebt und fallt
zu eahna her a liachta Gstalt.
Und des ganze Firmament,
da Wald und 's Tal herent und drent
strahlt auf amal in Liacht und Glanz!

Da Max, da Flori und da Hans
de fürchtn si und möchtn weg,
doch koana kimmt an Schritt vom Fleck,
als hättns Eisnkugln dro.
Sie schaugn grad nu den Engl o,
der iatza grouß vor eahna steht
und nacha gar zu eahna redt:

„Gebts Obacht, Manner, laßts euch sagn,
es brauchts euch net fürchtn
vor dera Liachtn,
hörts guat zua und seids net bang.

I verkünd euch Leut a große Freud,
Frau und Kind und jeder Mo,
des ganze Volk soll teilhabn dro,
da Heiland is geboren heut!

Wia's hoaßt im Altn Testament,
a Jungfrau hatn bracht
in dera heilign Nacht
im Stadl drin, an Mösl drent.

I möcht euch des als Zeichn gebn:
in ara Krippn a Kindl
ei'gfatscht in ara Windl;
es werds es nacha selbn derlebn."

Grad wia da Engl firtig war,
sehgns auf amal a große Schar,
de um an Engl ummasteht,
de spuit und singt iatz a Gebet.
A jeder hat a Instrument,
es hallt des ganze Firmament
vo Trompetn und Posaunen.

De Hirtn hörn und schaugn und staunen
wia's klingt und wia dann ganz auf z'letzt
a wunderbarer Chor ei'setzt.
Der singt so wuchtig und so schö:
„Ehre sei Gott in der Höh'."
Dann singans no so was vom Friedn,
der alle Menschn is beschiedn,
de wo an guatn Willn habn;
de andern bringantn net zamm.

Wia glei drauf de Englschar
auf amal verschwundn war
und alles Liacht und Glanz und Pracht,
war wieder grad de bsundane Nacht.
Koa Musi hörst mehr und koan Chor,
es war so staad als wia zuvor.

Doch d'Hirtn warn ganz aufgeregt
und ei'wendig no ganz bewegt,

so daß s' grad gfiebert und grad bebt habn
wenga dem, was s'grad derlebt habn.
So ebbas konn ma net dertragn,
des muaß ma einfach weitersagn.
Drum moant da Hans: „Was is's, es zwoa,
da müaß ma iatz sofort was toa!"
De Hirtn habn si glei recht tummelt,
habn eahner Nachbarschaft zammtrummelt:
„Mir habn an Engl ghört und gsehgn,
an Moos drent is heut nacht was gschehgn.
Zerscht grad is uns de Botschaft wordn:
'Da Heiland is uns heut geborn'!
Was is's, habts net a weng derwei?
Kemmts doch mit uns, mir gehngan glei!"
Da Flori moant: "I hätt a Bitt,
nehmts aa a weng a Weisert mit.
Mir drei Manner habn scho oans:
a so a Lampe, so a kloans
und a weng a Schaafewoll
und Nussn, so a Sackei voll.
Wenn ma sunst aa net vui habn,
auf des bissei gehts net zamm",
so sagt er und lafft glei voraus,
d'Leitn abi in oan Saus,
de andern alle hinterdrei'.
„Schaugts umme", schreit er, „sehgts den Schei'?
da bein Kohlstattbiche drent,
da is's, als wia wenn ebbas brennt,

und des is akrat de Stell,
wo da Stadl steht, dersell."
Sie warn so aufgregt und so gspannt
und schmatzn alle durchanand.

Da habns hinter eah was ghört,
's Liesei lafft daher und reahrt:
„Warts ma, bleibts a wengl steh,
derfan Kinder aa mitgeh?"
Sie hat de Puppn untern Arm,
„Ja freili", schreit da ganze Schwarm.
Da brauchts koa Bettln und koa Bittn,
sie nehman 's Dirndl glei in d'Mittn.

In ara halbn Stund warns drent,
a jeds sei' Weisert in de Händ.
Ganz derhitzt vo dera Hetz
stehngans in da Mösl-Ötz
am Waldrand unter a paar Feichtn.
Sie sehgn im Stadl drin des Leuchtn
und bleibn auf oamal alle steh',
koaner mag als erster geh.
Dann hat si doch da Flori traut
und hat in' Stadl einegschaut.
Er stellt si auf de Zehernspitzn
und spächt durch so a kloane Ritzn,
dann hat er ganz glückselig glacht
und gschamig d'Stadltür aufgmacht.
Iatz möchtn aa de andern schaugn
und sie machan grouße Augn
und an da offan Stadltür
gehngans alle in de Knia.

Anbetung durch d'Hirtn

Wia sie des Kind sehgn in da Krippn,
da kimmt glei über alle Lippn
a Lob- und Preis- und Dankgebet,
genau wia's in da Bibe steht.

Da warns alle augnblicklich
voller Freud und überglücklich
wia no nia in eahnern Lebn.
A jeds hat 's Weisert übergebn
und dann verzählns an Heilign Paar,
wia des mit de Engln war.
Des kloa' Liesei steht derwei
ganz bein heilign Kind hiebei,
siehgt kaam eine in de Krippn,
drum muaß's auf de Zehern wippn.
Dann hats de Puppn eineglegt,
ganz staad, daß's Kinderl net derschreckt:
„De laß i dir als Weisert da,
weil i sunst nix anders ha(b)."

De Hirtn waarn no länger bliebn,
doch hat da Hans zon Hoamgeh' triebn:
„Was is's, gehts weida iatz, es Leut,
kemmts, gehn ma, es is höchste Zeit.
Sagts Pfüagott und gebts a Ruah,
dene Leut falln d'Augn scho zua.
De brauchan endlich eahnern Schlaf,
mir gehngan hoam zo insane Schaf."

Am End no was zon Nachdenka

So manche kennan des Ergebnis
vo so an freudign Erlebnis.
Wenn oan glei gar nimmer wohl is,
weil des Herz so übervoll is.
Man konns alloa gar net dertragn,
man möchts allwei weitersagn.
Doch andere kinnans oft net glaabn
und es interessierts aa kaam.
Was oaner sagn möcht in sein' Eifer
konn da ander net begreifa.
Des war des gleiche scho daselm
mit de Leut vo Bethlehem.
Was so arme Leut verzählt habn,
grad so Hirtn, de koa Geld habn,
hat ma net für wichtig g'acht',
man hat höchstns drüber glacht.
Doch hats da Herrgott auf sei' Art
grad de Kloana offnbart.
Für de Gscheitn und de Großn
bleibt a Botschaft oft verschlossn.
Da Herrgott sagt si, wenns was wollts,
dann kehrts um, bezwingts an Stolz.
Es waar so leicht, man braucht ja bloß
obasteign vom hochn Roß.
Nacha kannt ma wieder hoffa,

daß de Botschaft macht betroffa
und daß ma si wieder bsinnt,
denn des Wohllebn macht uns blind
für des Unvergängliche,
und des is des Verfängliche.
Man müaßerts halt amal probiern
und sich vo neu'n orientiern,
dann bringert uns de Weihnachtsgschicht:
Hoffnung, Muat und Zuversicht.

ENDE

Variante der Herbergssuche zur szenischen Darstellung

Personen:

Josef
Maria
Wirt (Brucknwirt)
Hausl (beim Metzgerbräu)
Alte Frau
Sprecher

Bühnenbild: Offene Straßenszene. Links Wirtshaus „Zum Brucknwirt". Rechts „Metzgerbräu". Neben der Haustür vom Metzgerbräu sind einige Bierfässer gestapelt.

Sprecher:
Um halbe zwoa warns dann so weit,
ganz Bethlehem war voller Leut,
doch da Josef unverzagt
geht glei zon Brucknwirt und fragt

(Josef und Maria kommen von links und bleiben vor der Tür zum Brucknwirt abwartend stehen, da sie den Wirt durch die offene Haustür daherkommen sehen.)

Sprecher:
Da steht d'Haustür z'weitigst off,
da Wirt, der kimmt grad übern Hof
und nimmt de Zigarrn ausn Mäu,
er hat schierga net derwei.

Wirt: *(hält die Zigarre in der Hand, mustert die zwei etwas mißtrauisch)* Was is's?

Josef: *(nimmt den Hut ab)*
Grüaß Gott, Herr Wirt, 's is bloß a Frag,
mir brauchatn für oa, zwoa Tag
für uns zwoa Leutl a Quartier . . .

Wirt: *(mit einer abwehrenden Handbewegung)*
. . . a so moanst? *(schüttelt den Kopf)* Aber net bei mir.
I wüßt net, wo i euch hitoa soll,
bei mir is 's ganze Haus scho voll.

Josef: Mir habn halt gmoant, wenns ganga waar . . ,
(zögernd) . . . hast net no a kloans Kammerl laar?
A oafachs grad, des taat uns gfalln,
du brauchst koa Angst habn wengan zahln.

Wirt: *(macht eine großzügig wegwerfende Handbewegung)*
Wegn dem is's net, wegn de paar Augn.
I hab nix, müaßts woanders schaugn,
es han gnua Wirt no in da Stadt,
ko' sei', daß oana nu was hat.

Josef: Schön' Dank, Bfüagott . . .
(zögernd) . . . dann is nix z'macha?

Wirt: *(bläst eine Rauchwolke)*
Na, leider, also pfüat euch nacha.
*(Er schaut den beiden, die sich zum Gehen gewendet haben,
noch kurz nach und geht dann ins Haus.)*

Josef: Der hat uns scheinbar net recht mögn,
des hast eahm übers Gsicht o'gsehgn.

Maria: Mir brauchan deswegn no net klagn,
mir müaßn halt woanders fragn.

Josef: *(bleibt stehen)* Da druntn waar da „Goldne Bär"...

Maria: Der schaugt ma schierga z'nobe her,
a so a schöner Bau, a neuer,
i glaab, des Wirtshaus waar uns z'teuer.

Josef: Ja, i hab scho aa des Gfuih,
bein „Goldna Bär" da kost's recht vui.
I moan, mir fragn am bestn glei
da drentn o bein Metzgerbräu.

Hausl *(mit rotem Leibl und grünem Schurz;
er will gerade mit einem leeren Faßl bei der Haustür heraus
und stößt beinah mit Josef zusammen, der zurücktritt und
den Hut abnimmt).*

Josef: Grüaß Gott Herr Wirt, i möcht bloß fragn,
ob's vialleicht bei euch no gang . . .

Hausl: *(hat das Faß geräuschvoll auf dem Stapel abgestellt,
fällt Josef wichtigtuerisch ins Wort)*
Möchts euch es ebba ei'quartiern?
des brauchts bei uns da net probiern.

I *bin* da Wirt net, grad da Hausl,
doch der macht gwiß für euch koa extra Klausl.
Brauchts gar net fragn, sunst werd er ärgerlich.
Da Metzgerbräu, der is guat bürgerlich,
des woaß da in da Stadt herin a jeder.
(Mißt die beiden mit einem Blick von oben bis unten.)
Mir habn grad guate Gäste, koane Fretter!

Josef: Mir zahlertn scho unser Sach,
mir brauchertn ja grad a Dach.
Du traust uns net, des is fei' schlimm.
Mir han nu nia nix schuidig bliebn.

Hausl *(spöttisch)*
Am End habts 's Geld grad nu fürs Zimmer
und für a Trinkgeld glangats nimmer.
Mir brauchan koane arma Leut!
So, glangt euch des? Iatz wißts Bescheid.
(Schlägt die Tür zu und man hört noch, wie er sich im Haus laut schimpfend entfernt.)

Josef: Wia der vor oan de Tür zuaschlagt,
hä(tt)n mia den Menschn bloß net gfragt.

Maria: So Leut gibts überall, so grobe.
Mir warn eahm halt vui z'wenig nobe.

Josef: *(noch immer vor der Tür)*
Iatz hört ma'n gar da drin no fluacha ...

Maria: *(etwas unschlüssig)* Was tean ma iatz?

Josef: *(bestimmt)* Mir müaßn weitersuacha!
Mir habn deswegn no net verspuit.

Maria: *(schaut aufmerksam in Richtung des Bühnenausgangs)*
Da siehg i no a Wirtshausschuid.

Josef: *(schaut nun auch dort hin)*
Ja freili, in dem Gassl hintn,
da werdn ma hoffentlich was findn.
(Beide gehen in diese Richtung ab.)

Sprecher: Des Wirtshaus hoaßt „Zum Blauen Lamm",
wo s'de vui'n Fremdnzimmer habn.
Da Eingang is glei nebern Gartn,
da hoaßt's, sie solln im Hausgang wartn.
Sie stehngan da mit gmischtn Gfuih,
drin hört ma Gschroa und Kartnspui.
Es riacht nach Bier- und Kuchldunst,
de Kellnrin schreit zon Wirt: „Du, kunntst
net gschwind a wengl außakemma?
Da möcht no wer a Zimmer nehma."

Da Wirt war so a dicker, graaber,
mit greaner Leibe, weißn Schaaber.
Da Josef hat sei' Bitt vorbracht:
„Kunnts es uns ghaltn für heut nacht?
D'Frau is so matt, man kennts ihr o
und dann der Zuastand, wissns scho."

„In mein' Haus möchts es Quartier,
warum kemmts da akrat zo mir?
Dei' Frau kaam zletzt bei uns no nieder!
De Schererei, de waar ma zwider.
I hoff, daß mi es zwoa verstehts,
am bestn is's, wenns wieder gehts.
Mir san im Haus doch net alloa,
de Gäste wolln koa Kindergschroa.
Gehts weiter iatz, laßts uns in Ruah",
so sagt er und macht d'Haustür zua.

Scho stehngans wieder auf da Straß,
da Frau werdn d'Augn a wengl naß,
so z'kalt is's ihra und sie zittert.
Da Josef is a weng verbittert,
er laßt si's aber doch net nehma:
„Mir werdn doch irgndwo unterkemma,
oder san denn alle Leut
so voller Mitleidlosigkeit?
Mir zwoa, mir habn doch nix verbrocha..."
D'Frau hat eahm wieder Muat zuagsprocha:

„Schaug Josef, laß di's net verdriaßn,
vialleicht hat's a so kemma müaßn.
Da Herrgott woaß des ganz alloa,
er werd scho 's Rechte für uns toa."

(Josef und Maria kommen wieder zurück.)

Sprecher: Doch wenn de Sach halt nirgands glückt,
weil oan a jeder weiterschickt,
und wenn ma si vergeblich plagt,
dann werd ma schließlich ganz verzagt.

Alte Frau *(kommt von der anderen Seite).*

Josef: *(freundlich)*
Grüaß Gott.

Alte Frau: *(bleibt stehen)*
Grüaß Gott,
wo aus no heut?

Josef:
Kennst du da
in da Stadt de Leut?
Mir brauchatn no a Loschie
und wissn leider net wohi'.

Alte Frau: Mein Gott, da woaß i aa koan Rat,
i bin ganz fremd in dera Stadt.
I bin a Witwe und alloa
und muaß zon Ei'schreibn auf de Gmoa.
I loschier halt bei mein' Basl.

Josef: *(zur alten Frau)*
Mei, Frau, dann hast ja eh a Maßl.

Alte Frau: I konn euch aa net helfa, leider. *(Geht ab.)*

Josef: *(ruft ihr nach)* Schön' Dank, Bfüagott. *(Zu Maria:)*
Mir müaßn weiter. *(Beide ab.)*

Sprecher fährt auf Seite 20, 4. Zeile von unten, fort:
Da Josef hat si recht bemüaht . . .

Da Himme übern Wald is rot

Melodie und Satz
K. Robel jun.

Da Himme übern Wald is rot zwoa arme Leut-l san in Not. Finster werds und auf a-mal kimmt da Schnee-wind auf im Tal.

2. I glaab, sie klopfan aa bei dir!
   Gibst eahna du a Nachtquartier?
   Oder laßt as draußn steh
   und verzagn und weitergeh?

3. Du hast as drin so schö und warm,
   hast gnua z'essn, bist net arm.
   Sag ma, wia schaugts bei dir aus,
   laßt as du zu euch ins Haus?

Kleine Hirtenszene
zur szenischen Darstellung

im Anschluß an "De Verkündigung an d'Hirtn"

Personen: Vier Hirten: Max, Flori, Hans, Steffe.

(Max, Flori und Hans stehen noch unter dem Eindruck der vorangegangenen Engelserscheinung beisammen; Steffe kommt hinzu.)

Steffe: *(fragt im Hinzugehen)*
Was is's mit enk drei, was schaugts so derdattert?

Max: *(aufgeregt)*
Was moanst denn, wia inser Herzschlag nu flodert!

Flori: *(zu Steffe)*
Du woaßt ja gar net, was netta grad war.

Max: A Himme(l)serscheinung . . . ganz wunderbar!

Steffe: A Erscheinung habts ghabt? Gibt's so was aa?

Max: All drei habn ma's gsehgn, du warst ja net da.

Steffe: *(verständnislos)*
I versteh des alls net, habts vialleicht traamt?

Hans: Naa gwiß net, mei da *hast* was versaamt.
Da Flori hats *glei* gsehgn, bein Schaafestall hint . . .

Flori: *(fällt Hans ins Wort)*
I hab zerscht gmoant, da Buachwald, der brinnt.

Hans: So was habn ma nu *nia* derlebt,
übern Hochroa drent is a Engl gschwebt.

Max: Der hat ins nacha ebbas verkündt,
von ara Krippn mit an göttlichn Kind.

Steffe: A göttlichs Kind sagst, was soll des bedeutn?
Des san ja ganz bsundane Neuigkeitn . . .

Max: *(fällt ihm ins Wort)*
Lass mi nur ausredn, wart halt a wengl,
„Ehre sei Gott" hat er gsagt nu, da Engl

und „Friede den Menschn mit guatn Wuin".

Steffe: *(spöttisch)*
Der „Friedn" da iatzig, der hat ja a Duin:
Da werd ja grad gschmatzt, sunst bringans nix zwegn,
wenn oana dafür is, is da ander dagegn.

Flori: Da Engl hat gsagt „allen Menschn auf Erdn" . . .

Steffe: Aber wia soll des geh, mit de Leut de verkehrtn?

Hans: Er hat doch eigns gsagt, „mit guatn Wuin",
und wenn ma den *net* haben, werdn ma alles verspuin!

Steffe: . . . und des Kind, wos d' zerscht gsagt hast,
des kunnt ins nu rettn?

Hans: Ja freili, aber mir müaßn drum betn.

Flori: Da is *nu* was, was i sonderbar find:
Warum werd akrat uns des verkündt?
Mir san doch grad Hirtn, ganz kloane Leut;
mir habn net studiert und san net so gscheit
als wia zum Beispui de vo da Regierung
oder de Höhern halt, de vo da Führung.

Max: Da Herrgott hat doch des Kloane erwählt
und deswegn uns Hirtn zu Botschaftern bstellt.

Mir solln de Verkündigung weitersagn
und de Botschaft unter d'Leut einetragn.
Und nimmt dann oana de Botschaft net o,
weil er halt einfach net obasteign ko,
dann kunnt's leicht sei', daß er alles verspuit,
doch des is nacha sei' eigene Schuid.

Hans: Leut, auf geht's, mir gehngan auf jeden Fall
und suachan ins iatzt des Kindl im Stall.

(Alle gehen nach hinten ab.)

Worterklärungen

draufo: allmählich
Eding: Altötting
Feichtn: Fichten
Granter: Brunnentrog
Irlanschaubn: Erlengruppe (siehe auch „Schaubn")
Kranawett: Wacholder
leitig: abschüssig, von Leite = Abhang
Meterscheiterzoa: aufgeschichtetes,
                ungeschnittenes (Meterscheite) Brennholz
Ötz: Viehweide
Prüglganter: aufgeschichtete Prügel (Baumstämme)
Rafa: Dachsparren
Roa: Rain
Schaaber: Arbeitsschurz
Schaafewoad: Schafweide
Schaubn, Schaab: Bündel, Büschel
schmatzn: schwatzen, plaudern
sperr: mager, dürr
Staudnschocka: Strauchgruppe
Troad: Getreide
Weisert: Gratulationsgeschenk bei Geburten und
                                    Hochzeiten

Der Zeichner, Maler und Lehrer **Georg Huber**,

von seinen Schülern liebevoll „Gori", von den Kleinen ehrfürchtig „Hea Fessa" (Herr Professor), von Freunden „Schorsch" genannt, wurde am 27. März 1910 in Ramerberg bei Wasserburg geboren. Seine Ausbildung und Studium machte er an der Technischen Hochschule in München. Nach Kriegsteilnahme und Gefangenschaft in Rußland war er „der Zeichenlehrer" mehrerer tausend junger Menschen am Chiemgau-Gymnasium in Traunstein (von 1948 bis 1972). Er war ein Kunsterzieher, der selbst sein ganzes Leben gemalt und dabei verschiedenste Techniken und Materialien verwendet hat. Nach seinem Tod im Jahr 1997 haben die Erben, die beiden Schwestern und die Familie Czempinsky, dem Ruhpoldinger Holzknechtmuseum, der Stadt Traunstein und der Gemeinde Seeon-Seebruck jeweils eine Sammlung von Werken Georg Hubers überlassen.

Ludwig Bauer